AF245387

ÉTUDE

sur le

RÉTABLISSEMENT DES DROITS DE PÉAGE

SUR LA

NAVIGATION INTÉRIEURE

PAR

Albert JUBAULT

Ancien Officier de Marine
Chevalier de la Légion-d'Honneur

*Conférence publique faite au Théâtre de Dieppe,
le Mardi 29 Octobre 1895.*

DIEPPE

IMPRIMERIE DIEPPOISE
Directeur : Ed. Dequen
Grande-Rue, 194

1895

ÉTUDE

sur le

RÉTABLISSEMENT DES DROITS DE PÉAGE

SUR LA

NAVIGATION INTÉRIEURE

PAR

Albert JUBAULT

Ancien Officier de Marine

Chevalier de la Légion-d'Honneur

Conférence publique faite au Théâtre de Dieppe,
le Mardi 29 Octobre 1895.

DIEPPE

IMPRIMERIE DIEPPOISE
Directeur : Ed. Dequen
Grande-Rue, 194

1895

Etude sur le Rétablissement des Droits de Péage

sur la

NAVIGATION INTÉRIEURE

Messieurs,

Dans les premiers jours du mois d'Août, le journal l'*Eclaireur* publiait une séric d'articles ayant pour objet de démontrer la justice « du rétablissement des droits de péage sur la navigation intérieure » et aussi le bénéfice que retireraient le commerce et l'industrie dieppoise de cette mesure, si elle était adoptée : je remercie le journal de l'hospitalité accordée à mon travail. Je terminais cette étude par les lignes suivantes que je me permets de vous rappeler : « *Nous vivons dans une époque de concurrence acharnée, de lutte sans merci pour la vie ; la victoire reste à celui qui se remue le plus, qui parle le plus fort. Il faut presque demander son droit, la menace à la bouche. Nous avons pour nous le bon droit, la justice. Nous parlerons haut et ferme avant la rentrée des Chambres. Quand la saison d'été sera terminée, lorsque les étrangers auront quitté notre plage, je ramasserai le bâton de chef d'orchestre de l'excellent M. Bourdeau et je me charge de « conduire la danse. »*

Messieurs, c'est pour tenir cette promesse que je suis ici. Je vais traiter devant vous une question bien aride, elle ne saurait vous trouver indifférents, puisqu'elle touche de très près à vos intérêts. Une question comme celle-là ne se comprend qu'à force de clarté et de données précises : clarté, précision, groupement lumineux de chiffres péniblement recueillis, telles sont les qualités que je m'efforcerai d'introduire dans ce discours.

Je suis heureux d'avoir l'appui moral de la Chambre de Commerce de Dieppe ; cela simplifie beaucoup la tâche que je me suis imposée, je l'en remercie donc de tout cœur. Après avoir pris connaissance des articles publiés, la Chambre de Commerce a bien voulu me faire adresser, par son honorable président, M. Raoul Le Bourgeois, la lettre suivante que je vous demande la permission de lire :

« Monsieur,

« La Chambre de Commerce de Dieppe a pris avec beauconp d'intérêt connaissance de votre étude très complète sur les tarifs des chemins de fer comparés aux prix de la navigation intérieure.

« La Chambre n'a cessé de protester énergiquement contre la faveur exceptionnelle dont l'Etat fait jouir la batellerie, en lui livrant depuis 1880 l'usage gratuit de ses canaux et elle a fait paraître en 1888 et en 1894 des rapports sur ce sujet.

« Votre travail est l'auxiliaire des efforts constants de la Chambre dans cette question qui, directement, touche aux intérêts du port de Dieppe et, à un point de vue plus général, à l'équilibre même de nos finances nationales.

« La Chambre apprécie hautement votre concours et elle espère qu'une cause aussi juste trouvera bientôt au sein du Parlement la solution que nous désirons tous.

« Veuillez agréer, etc, etc. »

Avec un tel patronage, nous pouvons marcher de l'avant sans crainte. Je n'aperçois aucun intérêt dieppois qui ne puisse se rallier à notre effort, j'ajoute que *« le pouvant, il le doit. »*

Je n'ai pas attendu que le bâton magistral de mon ami Bourdeau eut cessé de conduire le délicieux orchestre qui, à juste raison, a fait les délices de notre Casino pour commencer la campagne que, tout l'été, j'avais préparée par un travail opiniâtre. A la date du 21 Septembre, je présentais à la Société d'Agriculture de l'arrondissement de Dieppe un vœu qu'elle adopta, vœu fortement motivé et demandant *« qu'un droit modéré soit rétabli sur la navigation intérieure. »* Sur ma demande, la Société décida de le communiquer, avec ses considérants, à toutes les Sociétés d'Agriculture de France : c'est fait.

Aujourd'hui, je viens vous prier d'associer vos efforts aux miens par voie de pétitionnement. Remarquez que nous avons avec nous l'Agriculture tout entière ; que bien des esprits éminents, des hommes considérables partagent notre avis pour des raisons de justice et d'égalité de tous les citoyens devant l'impôt et les charges. Assurément, je ne viens pas vous dire que nos efforts seront, à coup sûr, couronnés de succès ; mais ce que j'affirme, c'est que l'heure est propice pour

tenter un suprême effort, grâce à notre mauvaise situation
financière. L'adoption de notre projet ferait rentrer 13 millions dans les caisses publiques, les 13 millions que coûtent
l'entretien et l'administration des canaux et rivières rendus
navigables au prix de 1.500 millions prélevés sur les contribuables.

Maintenant que la question est bien posée, que vous savez
le point jusqu'où je l'ai conduite, que vous connaissez ce que
je vous demande de faire, serrons-la de près, étudions-la
dans tous ses détails.

La question de la batellerie intéresse Dieppe, il est à peine
besoin de le dire. Ce qu'il est essentiel de montrer, c'est le
dommage qu'elle lui cause, dommage qui se traduit par un
état de stagnation dont nous trouvons les traces dans
les tableaux comparatifs publiés dans le compte-rendu des
travaux de la Chambre de Commerce. En 1864, par exemple,
la valeur totale des importations et exportations était de 172
millions, nous la trouvons de 171 millions en 1893. Cette
valeur a varié dans d'étroites limites comprises entre 237 millions en 1880 et 130 millions en 1885. L'examen attentif de ce
tableau est attristant et n'accuse pas un de ces mouvements
ascendants, troublés seulement par des oscillations inévitables.

En faisant le rapprochement de ces chiffres pour en tirer
la conclusion fâcheuse que je viens de faire, je me hâte d'a-
jouter que je n'ignore pas que, depuis 30 ans, la valeur des produits ayant baissé, pour une même somme en 1894, on a plus
de produits qu'en 1864. Dans le cas actuel, cela est absolument insignifiant.

Comparons, d'autre part, au moyen du tonnage, le développement de la navigation du port de Dieppe avec celui des
ports concurrents de la Manche, — Dunkerque, le Hàvre,
Rouen — ports qui ont à leur disposition des canaux et un
fleuve; nous trouverons, hélas ! dans ce tableau comparatif
la constatation de notre situation malheureuse.

ANNÉES	DIEPPE	ROUEN	LE HAVRE	DUNKERQUE
1870	526.900 Tx.	726.782 Tx.	2.768.563 Tx.	973.515 Tx.
1880	1.008.288	1.459.626	4.518.202	1.655.896
1890	954.299	2.003.832	5.889.512	2.982.203
1894	949.542	2.125.028	6.129.740	3.002.683 (93)

Ainsi, Messieurs, les chiffres que je viens de produire devant vous attestent d'une manière certaine que notre port a pris une part très modeste, insignifiante, au vaste mouvement d'affaires qui s'est produit depuis la guerre de 1870 ; il se chiffre, ce mouvement, par environ 3 milliards en plus tant dans les importations que dans les exportations.

Messieurs, vous admettrez avec moi, — c'est l'histoire de la civilisation qui nous l'enseigne — que les riches et puissantes cités se sont fondées d'abord sur le bord de la mer, et de préférence à l'embouchure des rivières et des fleuves — rivières et fleuves étant des « routes qui marchent », suivant la pittoresque expression d'un économiste — véhicules économiques pour les produits destinés à l'intérieur des terres. Dieppe a eu son heure de grandeur, une fête historique dont vous avez gardé le souvenir nous en rappelait dernièrement la plus brillante période : qu'est-il donc survenu depuis pour... (le mot me coûte à dire, il le faut bien cependant).... amener notre décadence ? Le Progrès. Le Progrès ! mot merveilleux dont on se sert pour expliquer de prodigieuses transformations, l'ascension constante vers le mieux dans l'ordre matériel et moral. Ces belles choses ne s'accomplissent qu'au prix de sacrifices, de déplacements d'intérêts, d'industries qui disparaissent, de prospérités qui s'éteignent, de richesses qui s'effondrent ! Le progrès comme la vie ne se produit qu'au milieu de déchirements, de larmes et de sang : nous n'y pouvons rien, c'est une loi de nature ! Saluons malgré tout le progrès, parce que le progrès produit « *de la vie à une puissance plus grande* » et que, finalement « *la vie est bonne* », « *la vie est sainte* » et qu'elle a sa raison d'être.

Messieurs, le progrès, dans ces dernières années, a modifié de fond en comble les moyens de transport. Il a rapproché les continents par la rapidité avec laquelle se franchissent les distances qui les séparent ; il a appelé à la vie des contrées immenses jusqu'alors inexplorées et incultes ; il a universalisé la richesse, centuplé la production : voilà son côté lumineux, brillant.

Mais, il y a un revers à cette belle médaille. Les produits étant nombreux, abondants, surabondants sur les marchés du monde, la concurrence a amené l'abaissement des prix. Pour lutter avec le voisin, il n'a fallu rien négliger, on a dû économiser sur tout ; il a fallu, entre autres choses, rechercher les moyens de transport les plus économiques. Messieurs, nous y sommes, enfin ! Dieppe périclite surtout parce qu'il n'est

pas situé sur une de ces grandes artères où les transports
sont à bon marché ; Dieppe périclite parce qu'il n'a ni
fleuve, ni canal à sa portée ; Dieppe périclite parce qu'il a
comme voisines Rouen et le Hàvre, baignées par les eaux de
la Seine, de la Seine canalisée au prix de millions prélevés
sur le budget ; Dieppe périclite parce que la ligne de chemins
de fer qui la dessert reçoit 20 millions de la garantie d'intérêts,
qu'elle ne peut réduire ses tarifs sans courir le risque de
demander davantage encore à cette garantie, c'est-à-dire à
l'Etat ; et l'Etat, c'est nous, quand il s'agit de payer.

Ainsi le Commerce et l'Industrie à Dieppe dépérissent du
fait de tarifs trop élevés, défavorables par conséquent ; qu'ad-
viendra-t-il de nous si le tarif commun P. V. nº 107 est homo-
logué par le Ministre des Travaux publics ?

Avant de confirmer par des chiffres, — je m'en suis procuré
quelques-uns avec une extrême difficulté — le récit lamentable que je viens de tracer de notre situation commerciale,
jetons un coup-d'œil rétrospectif sur le passé. Si nous nous
reportons à l'époque du plan Freycinet, en 1878, examinons
quelle a été notre part dans les vastes travaux entrepris sur
toute la surface du territoire un peu au hasard des intrigues
électorales ? Le budget général nous a donné de l'argent,
beaucoup d'argent pour faire les bassins étriqués que vous
connaissez, bassins si mal conçus qu'ils satisfont à peine aux
exigences de notre commerce maritime actuel, si restreint
hélas ! Ces bassins me font penser à ces maisons qui ont de
magnifiques vestibules et des pièces tellement étroites qu'on
ne peut s'y remuer. A cette époque se posait le problème de
« *Dieppe port maritime et commercial* » : le problème posé a
été mal résolu.

Si tant d'argent a été dépensé, c'était en prévision d'un
accroissement de transit ; il fallait donc, dans les constructions
nouvelles, tenir compte de ce que l'on attendait de l'avenir.
Tout a été tellement bien prévu, que, à l'heure présente, on
ne sait où loger la belle flotte de Dieppe-Newhaven.

Je reconnais bien volontiers qu'elle est mal à l'aise, très à
l'étroit dans l'avant-port qu'elle encombre ; où la placer ? Il
est absolument impossible de lui trouver un emplacement
dans les nouveaux bassins ; on en est réduit à une conception
malheureuse que j'ai combattue vigoureusement l'an dernier
comme préjudiciable à la pêche maritime.

En même temps que des millions étaient dépensés à Dieppe
pour développer sa prospérité, l'Etat entreprenait la canalisa-

tion de la Seine du Hàvre à Paris. Il enlevait du même coup et sûrement à notre ville, l'espoir d'un avenir commercial meilleur, en lui créant par la voie d'eau une concurrencè redoutable.

Je me hâte de dire qu'aucun de nous n'a la *«pensée absurde»* de blâmer l'Etat d'avoir fait pour ces deux grandes villes normandes ce qu'il devait strictement faire; ce que nous lui reprochons, c'est de ne pas avoir fait pour nous ce qu'ordonnaient le bon sens, le souci du bon emploi de l'argent dépensé dans notre ville, c'est en un mot de ne pas avoir relié Dieppe à Paris par un canal de batellerie aboutissant dans l'Oise. Voilà la faute commise, faute irréparable, ce qui me permettait de dire dans un article traitant cette question : « *Les bassins sans le canal me font l'effet d'une table bien dressée à laquelle manquent des convives, et les convives, c'est à dire les marchandises, ne pouvaient venir sans un canal leur assurant un transport économique.* »

Quelques chiffres vont vous faire toucher du doigt le mal dont nous souffrons. Ce mal réside dans des tarifs trop élevés qui font que les navires passent au large de notre port et vont ailleurs déposer leurs marchandises.

Prenons la houille, par exemple, la houille qui constitue avec le bois la principale importation de notre port. La tonne de houille pour aller de Dieppe sur Paris par wagon complet de 10.000 k. paie 6 fr. 28 ; si elle part du Hàvre par la Seine 4 fr. 50, de Rouen 3 fr. 25.

Je ferai remarquer, en passant, que les prix du fret maritime de la tonne de houille pour le Havre et Rouen diffèrent à peu près exactement du prix que paie la même tonne transportée sur la Seine du Havre à Rouen, ce qui explique pourquoi la tonne rendue à Paris coûte le même prix, qu'elle parte du Havre ou de Rouen. Nous pouvons encore résumer de la façon suivante la différence entre les deux modes de transport : le prix de transport de la tonne kilométrique de houille est de 0 fr. 036 par voie ferrée, il est de *0 fr. 014* par eau.

Les résultats que créent ces différences ne se sont pas fait attendre, les voici exprimés par des chiffres :

Dieppe importait en 1882 environ 370.441 T. de charbon anglais.

En 1894, seulement 299.762 T. Malgré quelques oscillations pendant cette période, l'importation a toujours été décroissant.

Le Havre, en 1884, importait 482.486 T.

—   en 1894,   —   629.006 T.

Malgré quelques oscillations inévitables, l'importation a toujours été croissant.

> *Nantes*, en 1882, importait 527,515 T.
> — en 1894, — 780.882 T.

Importation toujours croissante.

Rouen, qui n'est pas un port charbonnier, loin de là, donne les importations suivantes :

1878...	357.394 T	1892...	432.769 T
1879...	338.826 T	1893...	396.764 T
1880...	382.969 T	1894...	398.905 T
Moyenne des 3 années.	359.727 T		409.479 T

L'importation, à Rouen, a pris un moindre développement que dans les deux autres ports, mais toujours est-il qu'il y a eu un accroissement de 50.000 T. entre les deux moyennes des périodes triennales indiquées.

Vous voyez donc bien, Messieurs, que tous les ports qui ont à leur disposition canaux et fleuves ont vu leurs importations augmenter; le phénomène inverse s'est produit à Dieppe, Dieppe desservie par la Compagnie de l'Ouest qui fait payer au charbon 0 fr.036 par tonne kilométrique pour aller à Paris.

Les mêmes avantages, en faveur du transit par voie d'eau, existent pour les bois, ainsi que le montrent les chiffres suivants pris dans les documents statistiques fournis par la Chambre de Commerce de Dieppe :

	Par FER DE DIEPPE	PAR EAU DE ROUEN	
	par 5 tonnes et plus	par petites parties	par péniche
Reims.............	15 fr.	9 fr.50	8 fr.
Charleville.......	16 fr.65		10 fr.
Epinal	20 fr.10		13 fr.
Lyon.............	28 fr.20	19 fr.	17 fr.
Paris............	7 fr.25	18 fr.	4 fr.
Roanne..........	27 fr.60		14 fr.

La même cause, Messieurs, a produit les mêmes résultats ainsi que le font ressortir les chiffres suivants :

Importation du bois à Dieppe pendant les années :

> 1882 : 131.340 T.
> 1893 : 76.074 T.
> 1894 : 68.074 T.

Cette décroissance ira toujours en augmentant, si la Compagnie de l'Ouest ne modifie pas ses tarifs. Dieppe est menacé de perdre la clientèle de Pontoise qui fait environ de cinq à six cent mille francs d'affaires sur notre place, si la Compagnie persiste à maintenir le prix de 7 fr. 25 pour le transport d'une tonne de bois de Dieppe à Pontoise.

A Rouen, au contraire, avec des prix de batellerie de 3 fr. 25 de moins par tonne — ce sont des chiffres moyens que je donne — et un prix de frêt maritime supérieur à celui de Dieppe de 1 fr. à 1 fr. 50 seulement, le commerce des bois s'est constamment accru. En 1880, Rouen importait 45,601 tonnes de bois de construction, en 1894, il en importe pour 205,084 T.

Le port du Hàvre, Messieurs, n'a pas eu la même bonne fortune. Les droits établis par la loi du 11 janvier 1892 ont donné lieu à la création de scieries à l'intérieur, scieries établies dans les centres forestiers. D'ailleurs une partie des bois importés au Hàvre y sont travaillés sur place, ils sont vendus après à la consommation et ils ne constituent pas un article de marché. Néanmoins, l'importation des bois de construction qui avait fléchi, puisque de 72,662 T. en 1884 et 66,068 T. en 1885, elle était tombée à 41,371 T. en 1892; cette importation semble vouloir reprendre comme le montrent les chiffres suivants :

Importations en   1892. — 41,371 T.
                 1893. — 47,689 T.
                 1894. — 64,128 T.

Deux chiffres vont vous donner plus clairement encore la clef de ce mystère, les voici : La tonne kilométrique par fer sur l'Ouest revient à 0 fr. 042 et par la Seine à *0 fr. 016*.

Heureuses les compagnies qui n'ont point recours à la garantie d'intérêt — c'est le cas du Nord. — Heureuses surtout les villes et les contrées qu'elles desservent ! Ces compagnies là ne perdent pas de leur trafic et les villes que traverse leur réseau bénéficient du bon marché de leurs prix de transport.

Ainsi la Compagnie du Nord qui ne doit rien à l'Etat, qui ne lui demande rien, transporte les houilles de Dunkerque à Paris, sur le pied de 0 fr. 024 la tonne kilométrique et le bois au prix de 0 fr. 032. Rappelez-vous que l'Ouest — non par le fait d'une mauvaise administration, mais à cause des lignes improductives nombreuses que l'Etat lui a imposées et lui impose encore — transporte les mêmes produits, la houille au prix de 0 fr. 036 et le bois à celui de 0 fr. 042 la tonne kilométrique.

Messieurs, au début de ce discours, je vous disais qu'il était essentiel de vous faire toucher du doigt le dommage que vous cause la batellerie; je crois avoir tenu ma promesse. Si pour demander « le rétablissement de droits modérés sur la navigation intérieure » nous n'avions à présenter au Parlement que nos doléances, nous serions vite éconduits au nom de la « *formule implacable de l'intérêt général* ». Heureusement que nos intérêts sont d'accord avec « la *justice*, le *bon droit*, l'intérêt de l'Agriculture*, celui *des finances publiques*.

C'est ce que je vais essayer de prouver dans la seconde partie de ce discours dans laquelle j'ai réuni tous les arguments dont pourrait user un législateur pour faire triompher la cause que j'expose devant vous.

*
* *

Messieurs, je ne me suis pas donné pour mission de faire un cours de géographie, ce serait donc sortir du plan de ce discours que de décrire la situation topographique des fleuves, canaux et rivières qui servent à la navigation intérieure. Ce qu'il nous importe de connaître ce sont — étant données les voies et moyens dont elle dispose; — sa situation industrielle; ses relations économiques avec les autres modes de transport ; son rôle dans la vie commerciale, industrielle et agricole du pays ; ses rapports financiers avec l'Etat.

Examinons sa situation industrielle. Avant toutes choses, je tiens à déclarer que pour conserver à cette étude la haute portée qu'elle doit avoir, il faut faire abstraction de l'intérêt des chemins de fer et de celui de la batellerie. Le chemin de fer et la batellerie ne sont que des moyens : le but est le transport.

« *On ne doit, comme le disait fort judicieusement M. Colson au V° congrès international de la navigation intérieure, n'envisager que deux intérêts : celui des transports qu'il convient d'assurer au plus bas prix possible, celui des contribuables, à qui il importe que cet abaissement soit réalisé aux moindres frais possibles.* »

La règle dominante, depuis la loi du 5 Août 1879, est que les voies navigables sont établies et entretenues aux frais de l'État. L'article 5 de cette loi dit expressément que « *les canaux ou rivières navigables actuellement concédés seront rachetés au fur et à mesure que les ressources du budget et les circonstances le permettront* ». Je terminerai cet exposé rapide de la législation qui régit les voies navigables en disant que, comme toutes les voies de transport d'intérêt général, elles sont placées dans les attributions du Ministre des Travaux Publics.

Comme les transports sur route, les transports sur les canaux et rivières sont soumis au régime de la libre concurrence ; depuis les lois du 21 Décembre 1879 et du 19 Février 1880, ils sont affranchis de toutes taxes.

Quel est l'outillage en bateaux dont dispose la navigation intérieure pour transiter les marchandises ? Le recensement de la batellerie, en mai 1891, va répondre à cette question. On a laissé de côté en Mai 1891, comme en Octobre 1887 — date du premier recensement — les bateaux jaugeant moins de 3 tonneaux.

En 1891, 15,925 bateaux jaugeant 2,996,230 tonneaux et portant une population flottante de 40,000 âmes circulaient sur nos canaux et rivières. Si l'on décompose ces chiffres, on arrive à des résultats qu'il nous faut bien prendre garde d'oublier. Ainsi, on constate que sur les 15.925 bateaux, 13,604 sont français, — leur capacité est de 2,351,259 tonneaux — 1,892 sont belges (capacité 562,448 tonneaux), 301 sont allemands (capacité 68,304 tonneaux), 128 sont hollandais, luxembourgeois (capacité 14,219 tonneaux). Mais, Messieurs, ce sont là des chiffres très instructifs et dont on ne s'est pas préoccupé jusqu'alors dans les différents congrès de navigation intérieure; ils n'ont pas échappé à mon attention. Faisons-les parler ces chiffres, que nous diront-ils ? Ils nous diront que le 1/8 environ de la batellerie circulant sur nos canaux et représentant 1/4 du tonnage total appartient à l'étranger. Ces bateaux étrangers, Messieurs, circulent sur nos canaux de la région du Nord de la France, c'est-à-dire dans celle où la batellerie ne chôme presque jamais, où elle est la plus prospère. Enfin plus de cinq mille étrangers montent ces bateaux et benéficient gratuitement de ces voies rendues navigables au prix de centaines de millions prélevés sur le budget, c'est-à-dire sur le contribuable français. Vous le voyez, la statistique n'est pas simplement un art aride, destiné à vérifier les faits et qui passionne ceux qui s'y adonnent. « *On s'explique qu'elle passionne, disait un brillant écrivain, parce que derrière les colonnes de chiffres, on aperçoit des êtres, des vies humaines, des douleurs, des misères, des drames et, au fond, la grande mécanique sociale.* »

L'essor de la batellerie en France date de la mise à exécution du plan Freycinet. La loi du 5 Août 1879, en réglant les travaux à faire, a donné à nos voies navigables des dimensions plus grandes, plus uniformes. Les bateaux également se sont agrandis: plus de régularité s'est introduite dans les transports, les risques ont diminué, le prix du frêt a baissé. Cette même loi du 5 Août, loi dont il faut toujours parler lorsque l'on s'occupe de la batellerie, a divisé en deux classes les 11,859 kilomètres de fleuves et rivières et les 4,817 kilomètres de canaux. Elle a voulu que les lignes qui composent la première classe aient les dimensions suivantes :

> Profondeur d'eau.............. 2 m.
> Largeur des écluses........... 5 m.
> Longueur utile des écluses..... 38 m. 50.
> Hauteur libre sous les ponts... 3 m. 70.

Le développement des voies appartenant à la première classe s'élève à 4.673 k., ainsi répartis :

Fleuves et rivières, y compris les parties maritimes, 1.964 k.
Canaux .... 2.709 k.

Messieurs, si l'on veut se rendre compte des efforts tentés en faveur de la navigation intérieure, il suffit de consulter le rapport du Ministère des Travaux publics à la page 139. On y voit que, de 1879 à 1893, on a dépensé pour l'amélioration des rivières la jolie somme de 228 millions et pour les canaux celle non moins belle de 365 millions.

Nous y trouverons aussi que, si le Budget a consacré aux canaux et rivières 1.423 millions depuis 1814, c'est-à-dire en 81 ans, il leur a donné près de 600 millions dans les 14 dernières années. Tout le secret de l'élan prodigieux pris par la batellerie est là et non dans l'abolition des taxes ordonnée par la loi de février 1880.

Cette prospérité de la batellerie était constatée par le regretté Burdeau, en termes précis et formels, dans son projet de budget pour 1895.

« *Le réseau navigable — disait le Ministre — ne s'est accru, de 1871 à 1892, que de 1.550 k., soit 15 0|0; il n'en a pas moins absorbé, en travaux extraordinaires et rachats de droits, plus de 700 millions de francs; en d'autres termes, il s'est considérablement amélioré, mais sans se développer beaucoup; il n'a pas frayé de nouvelles routes au trafic ; il a perfectionné celles qui existaient, et qui, par une disposition de la nature, étaient plus en mesure de concurrencer les grandes voies ferrées, auxquelles elles étaient parallèles, et de* **favoriser le trafic avec l'étranger,** *que de créer des* **artères nouvelles à la circulation intérieure.** Aussi, dans cette période de vingt années, tandis que les voies ferrées, tout en s'accroissant en longueur de 100 0/0 (17.438 k. en 1872, 34.881 k. en 1892) n'augmentaient leur trafic que de 56 0/0 (7.725 millions de tonnes kil. en 1872, 12.120 millions en 1892,) les voies navigables, avec leur développement de 15 0/0 en longueur, doublaient leur tonnage (1.836 millions de tonnes kil. en 1872, 3.609 en 1892). C'est surtout dans la seconde moitié de cette période (1882-1892) que la prospérité de la batellerie s'est développée. »

Voilà ce que disait M. Burdeau; j'ajoute que cette seconde période correspond précisément à l'exécution des grands travaux publics votés par les Chambres. En 1882, le trafic de la batellerie est de 2.264.586.000 tonnes kil., il est de 3.609.286.000 dix ans plus tard.

Ainsi donc, Messieurs, il demeure bien entendu que la prospérité inouïe de la batellerie date des grands travaux exécutés en sa faveur, travaux faits avec l'argent du Budget, c'est-à-dire des contribuables. Retenez-bien, je vous prie, cette constatation; nous nous en servirons pour conclure.

Qu'est-il advenu de notre vieille amie la Seine pendant toute cette période d'exécution de grands travaux? — tout ce qui touche à la Seine nous intéresse tout particulièrement, nous, Dieppois. — Elle a eu une part magnifique au gâteau, la plus belle. L'Empire, vous le savez, avait commencé les endiguements de la Seine maritime. Les 30 millions dépensés pour ces travaux ont fait de Rouen un port des plus facilement accessibles. Entre Rouen et Paris, c'est plus de cent millions que l'on a dépensés, en vertu des lois du 6 Avril 1879 et du 21 Juillet 1880. Les 225 kil. d'eau qui séparent Paris de Rouen sont maintenant divisés en neuf biefs, séparés par de magnifiques barrages, reliés par des écluses monumentales. Les vapeurs remontent d'une ville à l'autre en moins de trente heures; le voyage durait un mois sous la Restauration.

La Seine maritime, depuis ces travaux, donne à la batellerie fluviale, même par les pleines mers de morte eau, un tirant d'eau moyen de 5 mètres.

Entre Rouen et Paris, la navigation dispose d'un tirant d'eau minimum de 3 m. 20.

Toutes ces améliorations ont augmenté considérablement le trafic sur la Seine. Ainsi en 1880, entre Rouen et Paris, il a été transporté par la Seine à la remonte 487,391 T. et à la descente 230,608 T. ; en 1890, à la remonte 891,903 T. et à la descente 310,615 T. ; en 1894, 1.029.172 T. et à la descente 326.353 T.

Ce qui accuse encore la prospérité de la batellerie, outre l'accroissement du tonnage transporté pendant les dix dernières années — rien ne saurait être négligé dans une discussion aussi importante — c'est la création relativement récente de grandes compagnies de navigation fluviale. Le recensement de la batellerie française de mai 1891, en indique quatre possédant respectivement 171, 225, 250 et 410 bateaux dont la jauge totale est de 200,000 tonneaux. Sur la Seine, en particulier, 691 bateaux à vapeur assurent le mouvement du trafic ; on peut les classer en quatre groupes.

Bateaux à voyageurs.	267	Tonnage,	17.435	Force mot. :	25.075
Bateaux porteurs....	113	id	26.148	id	15.027
Remorqueurs........	237	id		id	19.397
Toueurs sur chaîne..	74	id		id	3.514

Tout ce puissant outillage de transport se trouve réparti entre 114 propriétaires dont 7 propriétaires ou compagnies possèdant respectivement 27, 28, 31, 33, 35, 49 et enfin 103 bateaux à vapeur.

Qui ne connaît à Rouen ou au Havre la puissante *Compagnie française de transports* qui dispose de 45 bateaux à vapeur et de 99 chalands, le tout représentant un tonnage de 39,500 tonneaux ? Qui n'a entendu parler de la *Compagnie de navigation Havre-Paris-Lyon ;* de la *Compagnie de touage ;* de la *Compagnie des transports rapides de la Seine,* etc., etc. ?

Tout le monde sait bien, Messieurs, que de pareilles compagnies ne se fondent qu'à l'aide de capitaux demandés au public, et que les capitaux appelés à travailler, à produire, sous les yeux de tout le monde, ne vont que vers les entreprises ayant chance de prospérer.

La prospérité de la batellerie est donc évidente, indéniable, il ne faut pas l'attribuer à la suppression des droits de péage, mais bien aux améliorations considérables entreprises sur les canaux et rivières : nous sommes heureux, très heureux de cette prospérité. Mais cette constatation établie, nous sommes en droit de demander à l'Etat de faire participer cette industrie aux charges qui pèsent si lourdement sur les industries concurrentes.

A côté des puissantes et riches compagnies de navigation fluviale se trouve tout un monde de travailleurs très dignes d'intérêt, les bateliers. Leur sort était précaire avant les grands travaux d'amélioration entrepris sur les canaux; il s'est heureusement très amélioré depuis. On a dit que les droits de péage supprimés avaient contribué à ce résultat. C'est là un argument sentimental que l'on trouve dans la bouche des intéressés, argument qui ne résiste pas à une analyse sérieuse.

Au cinquième Congrès international tenu à Paris en 1892, M. Noblemaire, répondant au discours de M. Couvreur, s'exprime ainsi : « *Ce n'est pas à coup sûr que la situation des bateliers n'excite en moi le plus vif intérêt. Elle nous a été sommairement rappelée en termes touchants et élevés par M. Viette, ministre des Travaux publics, quand il a inauguré notre Congrès. Elle nous a été exposée dans des termes plus intéressants encore, peut-être, par M. Couvreur, au moyen de chiffres, et rien n'est plus touchant que des chiffres en pareil cas. Ceux que je trouve dans son rapport prouvent que, tous prélèvements faits des charges qui s'imposent au batelier, il lui reste pour vivre, pour élever ses enfants qui naissent et meurent sur le bateau, pour pourvoir à ses distractions — quand il a le moyen de s'en offrir — à ses besoins, un bénéfice annuel de 1,888 fr. 50.* »

L'orateur disait encore avec raison : « *Est-ce que ces rudes populations de marins qui quittent chaque année les rivages de notre Bretagne, de Fécamp, de Boulogne, de Dunkerque, pour aller vivre loin de leur famille, trop souvent mourir loin d'elle, à la pêche du hareng ou de la morue, y réalisent annuellement un revenu de 1,888 fr. 50? Et ceux-là ne sont-ils pas plus dignes encore d'intérêt que les bateliers d'eau douce dont la vie familiale n'offre pas du moins ces dangers?* »

Dans le même congrès, M. Limousin, parlant au nom de la Chambre syndicale de la batellerie française composée de petits mariniers, s'exprime ainsi : « *Est-il bien certain que l'abolition des droits de navigation ait contribué à améliorer le sort des bateliers? Les négociants ont dit aux bateliers en 1880 : Les droits étant abolis, vous allez nous faire des concessions, et finalement ce n'est pas la batellerie qui a profité de l'abolition des droits. Je ne vois pas bien ce que la navigation et l'industrie ont gagné à l'abolition des droits : l'Etat recevait une somme qui servait à couvrir des dépenses, aujourd'hui il ne reçoit plus d'argent et les dépenses se font toujours. On demande alors au contribuable ce qu'on ne demande plus au consommateur; or, le contribuable et le consommateur c'est la même chose, c'est la poche droite et la poche gauche : ce que l'on ne prend pas dans l'une doit se prendre dans l'autre.* »

Désireux de me former une opinion très précise sur la situation des bateliers, j'écrivis dernièrement à Dunkerque une lettre à laquelle une réponse me fut faite, réponse dont j'extrais les lignes suivantes : « *Il n'existe pas ici de compagnies de navigation fluviale. Les bateaux qui fréquentent notre port sont nombreux ; il y en a des quantités, ils prennent ici leurs chargements pour l'intérieur et reviennent sur les charbonnages charger pour Dunkerque.*

« *Ces bélandres sont généralement conduites par leurs propriétaires. Bon nombre de mariniers sont aisés et possèdent plusieurs bateaux, dont quelques-uns portent 300 tonnes : il s'en fait des quantités ces temps derniers.*

« *En somme, un bateau bien conduit a toujours été une bonne affaire. J'ajouterai que s'il y a quelques bateliers qui se conduisent bien, ceux-là réussissent toujours; la majeure partie consomme beaucoup et vit au jour le jour.* »

Messieurs, des milliers de bateliers jouissent encore de l'avantage d'être inscrits maritimes. Ils peuvent donc acquérir par une navigation à l'abri de tout danger, en vivant au milieu de leur famille, la demi-solde qui échappe, hélas ! à tant de vrais marins, faute de pouvoir accomplir par suite de maladies, de blessures ou pour d'autres raisons, les 300 mois de navigation exigés. Certes, parmi les bateliers, les uns sont plus heureux que les autres ; mais sur tous les parcours fréquentés, leur sort est largement assuré. La petite minorité est à plaindre, ce sont ceux des canaux du Centre.

D'une manière générale, qu'on ne vienne donc pas nous parler du sort des bateliers pour s'opposer au rétablissement de droits modérés sur la navigation intérieure ; en admettant que ces droits soient rétablis, ils retomberaient entièrement à la charge de ceux qui se servent des canaux pour le transport de leurs produits : ce serait justice.

Le sort de la batellerie et des bateliers a prospéré, je vous l'ai montré par des chiffres, depuis les travaux entrepris sur les rivières et canaux comme conséquence de l'adoption du plan Freycinet. Il faut en finir avec cette légende qui voudrait faire remonter cette prospérité à la suppression des droits de péage en 1880, légende qui tend à établir aussi un rapport direct entre le développement de cette prospérité et la diminution successive de ces droits à diverses époques : des chiffres vont nous rendre la besogne facile. Cette démonstration a été faite en 1872 par un illustre ingénieur, M. Krantz. Il a prouvé que, dans le passé, la diminution successive des droits de péage n'a pas été un stimulant énergique pour la batellerie : le tableau suivant le fait clairement ressortir :

2

Années	1847	1850	1861	1868
Taxe par kilomètre.	0 fr. 0067	0 fr. 0048	0 fr. 0026	0 fr. 0021
Tonnage en parcours entier.	161.000 T	155.000 T	160.000 T	168.000 T

Dans le courant de son rapport, M. Krantz disait : « *Ce n'est pas, à notre avis, dans la réduction des droits qu'il faut chercher un stimulant énergique pour la batellerie. On peut même dire, sans s'écarter notablement de la vérité, que toute réduction de ce genre profitera beaucoup aux propriétaires des canaux concédés, aux expéditeurs, un peu, peut-être aux mariniers et pas du tout au public.* »

En ce qui concerne la Seine, ce n'est pas non plus la suppression du péage qui a produit le développement de la batellerie; ce sont encore les travaux neufs exécutés de 1880 à 1890, travaux qui se poursuivent encore actuellement. En 1878, lorsque les travaux de la Seine furent décidés, elle transportait 111.248.000 Tk.; en 1885, après la suppression des droits, 113.372.000 Tk.; en 1891, les travaux achevés, 243.164.000 Tk.

J'arrête là l'étude forcément rapide que je voulais faire devant vous des canaux et rivières considérés comme moyens de transport et de l'industrie qui s'y rapporte. Il résulte bien de tout ce que je vous ai dit, confirmé par des chiffres, que la prospérité de la batellerie ne saurait être attribuée à la suppression des péages, mais bien aux travaux neufs exécutés conformément au programme voté par les Chambres en 1879. J'ai prouvé également,et,à moi,républicain démocrate,il m'importait de faire cette démonstration, que l'amélioration du sort des bateliers ne résulte pas de l'abolition des droits mais bien de l'état florissant de la batellerie pour les raisons que vous savez. *Conclusion :* cette industrie est prospère, donc elle doit contribuer aux charges publiques dans une limite qui n'entrave pas sa prospérité, limite que j'estime devoir être les 13 millions d'entretien qu'elle coûte à l'Etat.

**
* **

Nous allons examiner maintenant, Messieurs, quels sont les rapports économiques des divers modes de transport avec la navigation intérieure ; nous verrons si ces rapports sont réglés conformément à la justice,si l'Etat a maintenu entre eux l'égalité de traitement sans lequel le jeu de la libre concurrence se trouverait faussé.

Dans les pays civilisés, pour faire les échanges des produits, on se sert de la mer, des fleuves, des rivières, des canaux, des routes, des voies ferrées. Parmi les divers moyens qui s'offrent pour effectuer les transports, les uns nous sont fournis par la nature : ainsi la mer, les rivières et les fleuves naturellement navigables ; les autres sont créés par la main de l'homme ou appropriés par lui pour ce service : c'est le cas des fleuves et des rivières rendus navigables, des canaux, des routes, des voies ferrées.

M. Noblemaire disait avec juste raison dans une des séances du V⁰ Congrés de la navigation intérieure : « *Pour les cours d'eau naturels, utilisables sans travaux ou à peu près, il ne peut pas être question d'instituer un péage quelconque, pas plus qu'on en peut imposer sur l'air que nous respirons, sur la lumière qui nous éclaire ; ce serait un impôt et nous sommes d'accord qu'il ne faut pas d'impôts sur la navigation. Mais il faut une rémunération des services rendus ; il faut créer un péage, et sur les canaux créés de toute pièce, et sur les rivières qui sont tellement transformées et à tant de frais, qu'elles ne ressemblent en rien à leur état primitif.* »

Il n'entre dans l'esprit de personne de vouloir prélever un impôt sur une tonne de marchandise qui circule sur les voies naturelles telles que la mer, les lacs, les fleuves et rivières navigables.

La question se circonscrit donc. Elle se borne à ceci : de quelle façon répartir sur les citoyens les charges provenant de la création des voies artificielles ? Messieurs, je n'hésite pas à dire, plûtot pour des raisons politiques et sociales que pour des motifs d'économie, que l'idéal serait de voir — si la chose était possible — l'Etat créer sur les ressources du budget toutes les voies destinées aux transports, en être le maître par conséquent. Toutefois, en affirmant cette préférence, je suis loin d'être sûr qu'il en résulterait une économie pour les contribuables. Qu'importe, en effet, que le produit transporté soit exempt de tout péage direct envers le capital qui lui a fourni les voies de circulation, si, sous d'autres noms, pour suffire à l'administration, à l'entretien de ces voies mises gratuitement à la disposition du public, l'impôt retombe lourdement sur les contribuables.

Ces remarques générales faites, passons rapidement en revue le régime des routes, canaux, fleuves, rivières et voies ferrées au point de vue de la taxation.

Les routes nationales, en France, présentent une étendue de 38.000 k. D'après Félix Lucas, leur création par l'Etat revient à la communauté, à 1.342 millions ; leur entretien annuel est de 36 millions. Tous les citoyens peuvent en user — j'allais dire gratuitement, j'aurais commis une erreur — librement. La gratuité des routes nationales n'est pas absolue, puisque l'Etat, sous le nom d'impôt dit *du dixième*, perçoit une taxe sur les places des voyageurs dans les voitures publiques. Cette taxe est fixée, décimes compris, à 22,50 pour cent du prix des places, lorsque ce prix est inférieur à 0 fr. 50 et à 12 0/0 dans le cas contraire. Pour la circulation des voitures publiques dans les villes, un abonnement déterminé d'après certaines conditions remplace l'impôt du dixième.

Le produit total de ces taxes pour les voitures de terre monte à près de « *5 millions.* »

Retenez bien ces choses, Messieurs, car je poursuis méthodiquement mon but : *Justice du rétablissement de taxes sur la navigation intérieure.*

Les chemins vicinaux de grande communication, depuis la loi du 10 Août 1871, comprennent les routes départementales, soit 231.000 k., les chemins de grande communication et d'intérêt commun, soit 250.000 k. Toujours d'après M. Félix Lucas, elles représentent un capital de 4 à 5 milliards; leur entretien annuel parait atteindre 120 millions. Dans ce travail, nous laisserons de côté toutes les charges qui incombent aux citoyens du fait de l'Etat, des départements, des communes ; nous ne nous occupons que des charges qui revêtent une forme spéciale, retombant sur les « *usagers.* »

Eh bien ! pour les chemins vicinaux, qui naturellement peuvent être parcourus par tous les citoyens, mais qui néanmoins ont été créés pour l'usage de groupements spéciaux, limités (communes, hameaux, villes) deux taxes spéciales existent : la prestation et les subventions industrielles. *La prestation produit une soixantaine de millions ; les subventions industrielles, 2 millions.* »

Les chemins de fer représentent une industrie d'une nature particulière. J'ai eu occasion, il y a six mois, de traiter à cette même place la question si compliquée des chemins de fer; à l'heure où j'ai l'honneur de parler devant vous, 2.500 exemplaires du discours prononcé sont entre les mains des hommes politiques, des ingénieurs, des économistes.

Je vais résumer en quelques mots l'organisation de cette industrie. Les chemins de fer qui possèdent aujourd'hui un réseau exploité de 36.000 kilomètres ont été construits à l'aide de 3.923 millions de francs donnés par l'Etat sous forme de subventions, *dont 1 milliard a servi à constituer le réseau d'Etat.*

— n'oubliez pas ce milliard qui ne doit pas rentrer en compte dans le bilan des Compagnies —et de 12 milliards environ provenant de l'épargne publique. Depuis 1856, six grandes compagnies ont le monopole de leur exploitation ; elles doivent faire retour à l'Etat, moins le matériel roulant et l'outillage, vers le milieu du XXe siècle. Les conventions de 1883 obligent les Compagnies à terminer le 3e réseau. Leur part dans sa construction est de 25.000 francs par kilomètre ; elles doivent en outre s'acquitter en travaux des sommes dont elles étaient débitrices envers l'Etat au moment de la signature des conventions ; elles doivent fournir le matériel nécessaire pour l'exploitation du réseau accru ; enfin, elles empruntent pour lui les sommes complémentaires exigées pour la construction de la voie. Comme compensation à ces charges, l'Etat a garanti un dividende fixe au capital-actions. La garantie d'intérêts, quand elle fonctionne,—et elle fonctione toujours, hélas ! — n'est toutefois qu'une avance faite par l'Etat aux Compagnies, avance portant un intérêt de 4 0/0 remboursable dans des conditions déterminées et garantie par le matériel roulant et l'outillage dont la valeur, sans cesse croissaute, est aujourd'hui de 1.500 millions. Voilà, Messieurs, résumée en peu de mots l'organisation de cette grande industrie, la plus grande industrie française, véritable monopole au profit de l'épargne publique qui lui a confié ses capitaux.

Le chemin de fer offre un de ces modes de transport *artificiel* dont nous parlions précédemment ; il a été créé tout entier par la main de l'homme à l'aide de capitaux dont les quatre cinquièmes proviennent de la poche de « *M. Tout le monde* » ; il ressort donc de l'initiative privée ; il est, en quelque sorte, l'émanation d'un grand acte de confiance du public. Examinons quelles charges l'Etat fait peser sur lui. Il nous importe de les établir rigoureusement pour savoir, plus tard, en les comparant avec celles incombant aux autres modes de transport, si l'égalité de traitement a été observée, si le jeu de la libre concurrence n'a pas été faussé. Le public ignore trop la nature et l'étendue de ces charges, il est bon qu'il les connaisse. Quant à nous, Dieppois, cette connaissance devra singulièrement fortifier notre volonté de demander l'égalité de tous devant les charges par le rétablissement de droits de péage bien calculés, justement répartis, sur la navigation intérieure.

Les impôts perçus par l'Etat sur l'industrie des chemins de fer peuvent se classer en deux catégories : « *impôts spéciaux aux chemins de fer* », « *impôts communs à toutes les industries* ».

IMPOTS SPÉCIAUX

Premier droit des Chemins de fer envers l'Etat de 120 fr. par kil. pour frais de contrôle, soit.................................. 4 millions

Impôts sur les voyageurs et marchandises transportés en grande vitesse... 40 id.

Timbre des lettres de voiture............................ 30 id.

IMPOTS COMMUNS AUX AUTRES INDUSTRIES

Timbres de quittance, timbres poste, droit de douane, licence, patente................................. 13 millions

Impôts sur les titres : 43 millions

1° Droit de 4 0/0 sur le revenu des valeurs mobilières.
2° Droit de 0,50 0/0 sur la valeur négociée pour chaque vente de titre nominal.
3° Pour les titres au porteur, abonnement annuel de 0 f. 20 par 100 fr. sur le cours moyen pendant l'année précédente.
4° Droit de timbre des obligations et actions payé sous forme d'abonnement de 0 f. 06 0/0 de la valeur nominale.

Mais ce n'est pas tout; l'Etat, qui est en quelque sorte associé à cette industrie privée, s'est réservé certains privilèges pour ses transports qui constituent pour lui de sérieuses économies. D'après les statistiques, ces économies s'élèvent aux chiffres suivants par service :

Postes....	65.248.000 fr.
Télégraphes	5.872.000 fr.
Transports militaires, marine	46 530.000 fr.
Contributions indirectes, Douanes	1.329.000 fr.
Prisonniers	1.406.000 fr.
Total...	120.385.000 fr.

Ainsi, l'Etat prélève sur l'industrie des chemins de fer, 74 millions d'impôts spéciaux, 56 millions d'impôts communs à toutes les industries et, grâce à elle, il réalise par an, 120 millions d'économies sur ses transports. En somme, c'est 250 millions que ce mode de transport procure à l'Etat contre 92 millions avancés par lui sous forme de garantie d'intérêt. Si nous estimons, en chiffres ronds, à 3 milliards les subventions versées primitivement par l'Etat aux chemins de fer, nous voyons que cet argent lui rapporte 250 millions moins 92 — et encore 92 millions non pas donnés mais avancés — c'est-à-dire 158 millions sous forme d'impôts : c'est un placement d'un peu plus de 5 0/0.

Remarquez bien, Messieurs, que les impôts spéciaux constituent un véritable péage. Quant aux 43 millions provenant des titres, ils n'existeraient pas, ils ne pèseraient pas sur cette industrie de transport si, comme pour les canaux, le budget et l'emprunt avaient fourni l'argent nécessaire à la création de la voie.

Messieurs, nous venons de signaler où gît l'inégalité de traitement entre les transports par fer et par eau; — dès maintenant, je dois dire que ceux-ci ne sont soumis à aucune taxe — voilà pourquoi le jeu de la libre concurrence est faussé.

La Mer est la grande route internationale sur laquelle se croisent toutes les civilisations, se font tous les échanges ; route immense comme l'infini dont elle est le reflet; mobile, parfois agitée jusqu'à paraître vouloir battre le ciel avec ses puissantes lames, tantôt calme comme une glace dans laquelle se mirent les étoiles. Cette route est ouverte gratuitement à tous les pavillons, aussi bien à la barque du sauvage creusée dans un tronc d'arbre qu'au puissant transatlantique. Il ne faut pas croire, Messieurs, que cette gratuité est due à la nature de la route liquide dont la grandeur même semble exclure les travaux de ce pygmée, l'homme.

Quoi ! améliorer cette immensité, porter la main sur cet infini pour lui laisser une trace moindre qu'une piqûre d'épingle sur le flanc de l'Hymalaya, quelle audace ! Des travaux immenses ont cependant été entrepris sur la mer : ses profondeurs ont été sondées; les traîtres rochers qu'elle recèle ont été découverts; les pourtours de tous les continents, des moindres ilots ont été fouillés, relevés, portés sur les cartes; des sondages incalculables par leur nombre ont été faits, permettant ainsi aux marins de se méfier, de s'orienter, de trouver la route pour atteindre le port ; des phares ont été dressés, non-seulement sur les côtes, mais au large, indiquant dans la nuit noire, quand la tempête bat son plein, l'écueil à éviter, le port où se réfugier. Messieurs, toutes ces choses merveilleuses supposent des efforts d'intelligence inouïs, persévérants, des centaines de millions dépensés !

Malgré cela, la route est gratuite, la marchandise circule sur elle, sinon sans périls, du moins sans taxes. Mais, quand le produit transité à travers les mers arrive à son point terminus, au port, — le port, véritable hôtellerie de la mer — il est saisi immédiatement par le fisc qui abat sur lui sa lourde main. Quelles charges pèsent sur le transit maritime ? C'est ce que nous allons examiner.

La navigation maritime a coûté à l'Etat, depuis 1814, la somme de 852 millions; mais elle paie des droits de quai dont le montant s'élève à [près de 10 millions, une taxe sanitaire qui atteint environ 1.500.000 fr., des timbres de connaissement pour 2.200.000 fr., des taxes pour francisation de navires, congés ou passe-port, etc., etc., le tout se chiffrant par 700.000 fr. Laissant de côté ce qu'elle verse aux Chambres de Commerce, la navigation maritime rapporte à l'Etat 15 millions environ. Ces 15 millions-là viennent au moins en déduction des autres charges que l'Etat consent à la navigation : prime à la navigation, à la construction, subvention aux courriers postaux, etc., etc.

Les canaux et rivières rendues navigables classées dans le domaine public présentent une étendue de 11.800 k. pour les rivières et fleuves, de 4.800 k pour les canaux. Sur les 11.800 k. de cours d'eau, 8.200 k. se prêtent à une navigation effective, sinon toujours parfaite; sur 4.800 k. de canaux, 800 k. sont concédés, le surplus est exploité directement par l'Etat. Les canaux et rivières s'inscrivent dans nos budgets, depuis 1814, pour la somme de 1.500.000 millions; en frais d'entretien et d'administration, ils coûtent par an environ 13 millions. Que rapportent-ils au Trésor ? Rien. Pardon, je me trompe, la taxe sur les bateaux faisant le service des voyageurs rapporte à l'Etat 200.000 fr.

Méthodiquement, nous avons examiné ensemble, quelles étaient les diverses voies de transport mises par l'État à la disposition des citoyens pour faire leurs échanges ; nous avons trouvé que toutes sont frappées de taxes, à l'exception d'une seule. Pourquoi cette exception ? Pourquoi ce privilège accordé à quelques-uns, car les canaux inégalement répartis sur la surface du territoire ne servent qu'à quelques-uns ? Pourquoi avoir créer un état d'inégalité entre les industriels qui habitent la plaine à la portée d'un fleuve ou d'un canal et ceux dont les usines sont sur les hauteurs loin des cours d'eau ? Pourquoi avoir faussé le jeu de la libre concurrence ? Ces points d'interrogation posés, n'est-il pas équitable de demander que la marchandise qui jouit de cette voie privilégiée paie au moins l'entretien et l'administration de sa voie, rien de plus. Malgré la modeste charge qui lui serait ainsi imposée, la marchandise arriverait encore à meilleur compte à ses lieux de destination que celle réduite par la nécessité à prendre la voie ferrée. Vous le voyez, Messieurs, l'examen sérieux, sans parti-pris, des voies et moyens de transport nous a conduit naturellement à une conclusion logique, équitable. Nous pensons que l'État a bien fait de dépenser 1,500,000 millions pour améliorer nos rivières, creuser nos canaux et créer ainsi une concurrence sérieuse et nécessaire aux chemins de fer, les forçant à baisser leurs prix. Loin de nous la pensée de demander une taxe sur la navigation intérieure pour couvrir les charges assumées par l'État, taxe qui serait de 3^{cent} environ par tonne kilométrique pour représenter l'intérêt du milliard et demi dépensé. Nous demandons seulement, étant donné l'état de nos finances. Que toutes les industries prospères prennent part aux charges. M'accusera-t-on d'être pessimiste au point de vue financier? Écoutez ce que disait M. Leroy-Beaulieu dans l'*Eonomiste* du 13 juillet : « *Nos finances sont dans le désarroi le plus manifeste. M. Boulanger, le premier président de la Cour des Comptes, a pu évaluer entre 300 et 400 millions le déficit réel. La dette flottante, officielle ou dissimulée, a pris des proportions énormes ; on recourt à des expédients, des emprunts occultes qui sont coûteux, pour y pallier ; et l'on n'ose pas contracter un grand emprunt public, le seul moyen vraiment régulier et le meilleur marché, en même temps que le plus sûr et le moins dangereux, pour dégager une situation enchevêtrée.* »

Messieurs, dans ces conditions, 13 millions ne sont pas à dédaigner. Si vous ne les prenez pas là, vous les prendrez ailleurs dans des poches moins bien garnies, j'en ai peur. Je ne connais qu'une seule compagnie de navigation fluviale, la Compagnie des bateaux-parisiens : ses actions, qui étaient côtées à 300 francs en 1890, sont aujourd'hui inscrites à la bourse à 673 fr. Je dis encore une fois que la navigation intérieure qui est prospère doit participer aux charges communes.

*
* *

Je remplirais d'une manière incomplète la tâche que je me suis imposée, si je n'examinais pas rapidement le préjudice sérieux porté à l'agriculture par la gratuité des canaux. Messieurs, nous n'avons pas à discuter ici le régime économique du pays, nous n'avons pas à voir si la protection est supérieure au libre-échange ou réciproquement ; nous nous trouvons en présence d'un fait accompli, d'un état économique légal : le régime de la protection. Je dis que la gratuité des canaux qui crée aux produits étrangers des *transports privilégiés* est en contradiction avec le régime économique légal du pays. La protection, pour me servir d'une comparaison classique, a pour but d'élever autour du pays une sorte de muraille de Chine, muraille plus ou moins élevée suivant que le régime appliqué est plus ou moins rigoureux, pour faire obstacle à l'entrée des produits étrangers. Cette muraille, Messieurs, offre déjà de larges brèches du fait du bimétallisme et du change. Est-il logique de la part de l'Etat de créer d'autres fissures par une législation imprévoyante et injuste sur les transports? Serrons de près la question à l'aide de quelques chiffres. Nous savons déjà que la houille paie 6 fr. 28 pour aller de Dieppe à Paris, tandis qu'elle ne paie que 4 fr. 50 du Hàvre à Paris par la Seine et 3 fr. 25 si elle part de Rouen. Le blé, de Dunkerque à Paris, se transporte par eau moyennant 7 fr., par fer 11 fr. 40 ; le blé, l'avoine sont transportés par Seine, du Hàvre à Paris, au prix de 6 fr., par fer, au prix de 8 fr. 50 ; de Rouen à Paris, le frêt des céréales est de 4 fr. par Seine et de 5 fr. 75 par la voie ferrée. Quelle est la conséquence de cet état de choses? C'est que les produits étrangers, sollicités en quelque sorte par nos rivières et canaux qui semblent leur tendre les bras en leur offrant un transport privilégié, choisissent la voie d'eau au grand détriment du Trésor — la garantie d'intérêt s'accroît par suite du trafic enlevé à la voie ferrée — et de l'Agriculture.

La politique économique inaugurée en 1892 a produit ce que l'on attendait d'elle, c'est-à-dire une diminution d'importations et par suite la consommation sur place des produits nationaux, ainsi que l'attestent les chiffres suivants : Total des principaux objets d'alimentation importés pendan t les huit premiers mois des années 1892 à 1895 :

1892 : 1,055,375,000 fr. *(Année exceptionnelle, nouveau tarif.)*
1893 :   649,311,000 fr.
1894 :   807,705,000 fr. *(Année suivant une mauvaise récolte.)*
1895 :   638,434,000 fr.

Mais, si le résultat cherché a été atteint, pourquoi en amoindrir l'effet en offrant aux produits étrangers, par la voie d'eau, *des transports privilégiés* dont ne jouissent pas les produits similaires français privés en grande partie de canaux, de rivières et appelés à circuler davantage que précédemment, puisqu'ils doivent alimenter le pays ?

La gratuité des canaux et rivières rendus navigables a eu pour effet de faire déserter les ports qui n'ont pas le bonheur d'avoir ces moyens de transport à leur disposition — nous en savons quelque chose à Dieppe — et d'attirer tout le trafic dans ceux placés sur le bord de beaux fleuves comme la Seine, la Loire, la Gironde ou desservis par des canaux comme le Hàvre, Dunkerque, etc. En voulez-vous la preuve, la voilà :

En graines et farines. Importation à Nantes en 1882.		54,284 T.
— Importation à Nantes en 1894.		95,197 T.
Céréales. Moyenne de trois années (1883-84-85) Importation au Hàvre....................................		157,000 T.
— (1892-93-94) Importation au Hàvre....................................		282,000 T.
Céréales. Importation à Rouen en 1880.............		402,837 T.
— Importation à Rouen en 1894.............		460,581 T.
Céréales. Importation à Dunkerque en 1887.........		322,719 T.
— Importation à Dunkerque en 1894.........		372,000 T.

Ainsi, malgré une baisse très accentuée de l'importation des céréales — 117 millions de francs pour les 8 premiers mois de 1895 contre 285 millions en 1894, 156 millions en 1893, 426 millions en 1892, 280 millions en 1891, etc, etc. — aucun des ports précités n'a vu décroître ses importations en céréales, au contraire. La raréfaction s'est produite sur d'autres points, mais les produits étrangers ont bien pris garde d'abandonner des ports qui leur offraient *des transports privilégiés*, leur permettant de pénétrer sur les marchés intérieurs à meilleur compte que les produits similaires français.

Le blé allant de Dunkerque sur Paris, par eau paie 4 fr. 40 de moins que les blés français du Nord qui, allant sur Paris, ont 304 kilomètres à parcourir — distance de Dunkerque à Paris. Le blé transporté par eau bénéficie de 0 fr. 40 par quintal.

Le blé allant de Rouen sur Paris, par Seine, paie 1 fr. 75 à 2 fr. de moins que les blés français qui, allant sur Paris, ont 140 k. à parcourir — distance de Rouen à Paris. Le blé transporté par eau bénéficie de 18 à 20 centimes par quintal.

Pour retenir un trafic qui lui échappait, la Compagnie de l'Ouest, avec beaucoup de peine, a obtenu que les prix en vigueur, 5 fr. 75 de Paris à Rouen, et 8 fr. 50 de Paris au Hàvre, fussent rendus réciproques et appliqués par suite à l'importation. A l'époque de cette homologation, en 1888, 37.000 T. prenaient la voie ferrée contre 217,000 la voie par eau. Qui a créé cette situation mauvaise pour la compagnie, désastreuse pour notre agriculture ? L'État, puisqu'elle tient uniquement à l'absence de taxes sur une voie perfectionnée, la Seine, entre le Hàvre et Paris d'une part et Paris et Corbeil d'autre part.

Non compris les frais de charrois pour le transport des céréales du lieu de production au lieu d'embarquement sur wagon, on peut conclure des données précédentes que les céréales paient 25^c environ de plus par quintal pour se rendre à Paris par chemin de fer, pour un parcours de 220^k, que si elles arrivaient dans la capitale par voie d'eau en partant soit de Rouen, soit de Dunkerque.

Qu'est-ce cela 25^c par quintal, me direz-vous ? Un quintal de blé donnant 130^k de pain, le renchérissement qui s'en suit sur *la livre de pain est de 0^{c}08* ! Messieurs, je vous accorde que le chiffre est très minime, mais vous n'avez pas procès gagné, si vous voulez bien considérer que l'ensemble des céréales en France est de 166.489.460 Qx. (avoine, blé, orge, seigle) pour une année moyenne comme celle de 1895.

Admettez pour un instant — je sais que je suis dans le domaine de l'hypothèse, mais non de l'absurde — que les 25^c de transport dont bénéficient les produits étrangers amènent une baisse correspondante de 25^c sur nos produits agricoles similaires. Eh bien ! cela fait une perte nette de 41 millions, pour l'agriculture française.

Si j'ai fait cette démonstration, avec des données plutôt inférieures que supérieures à la réalité, c'est pour vous bien faire comprendre, Messieurs, la haute importance des tarifs de transport. Une mauvaise législation économique sur les transports peut causer des désastres irréparables.

Si je ne craignais de trop prolonger cette réunion, je vous montrerais que les vins français ont également à souffrir de la voie gratuite que leur offrent les canaux. Je n'aurais pour le faire qu'à invoquer des souvenirs personnels. J'ai commandé deux ans la frontière d'Espagne ; j'ai vu s'organiser au port espagnol, le Passage, un service pour les vins entre Rouen et Paris. Malgré un tarif commun établi entre les compagnies du Midi et d'Orléans avec les chemins de fer espagnols, elles n'ont pu retrouver leur trafic diminué de deux tiers depuis les améliorations de la Seine. Ainsi, nos vins français protégés par un droit, auquel fait brèche un change considérable, transités sur les voies ferrées dans des conditions de transports plus onéreuses que les vins étrangers qui prennent la voie d'eau, subissent une mévente du fait de l'absence de taxes sur les fleuves et canaux.

Je borne là l'examen que je voulais faire devant vous des torts considérables que la gratuité des canaux cause à l'Agriculture. Notre « *delenda est Carthago,* » est, je le répète : « il faut dans l'intérêt de l'Agriculture, par logique et loyauté, rétablir les droits de péage sur les fleuves et canaux. »

**

Je vous demande, Messieurs, encore quelques minutes d'attention avant d'en finir avec cette question si aride, si compliquée que je m'efforce de traiter de la façon la plus complète et la plus approfondie. Oui, le sujet est aride, aride comme le sont tous les sujets traitant des grands intérêts économiques du pays. Ma récompense, je la trouve, dans la pensée que je sers la cause de la justice, de l'intérêt général avec lequel se confondent heureusement les intérêts dieppois.

Il nous reste à voir quels sont les rapports financiers de la navigation intérieure avec l'Etat. Oh ! ils sont très simples. L'Etat a donné 866 millions depuis 1814 pour la construction, l'amélioration et le rachat des canaux ; il a dépensé pendant le même laps de temps 557 *millions* pour rendre navigables les fleuves et les rivières ; enfin, il inscrit chaque année au budget une somme de 13 millions environ pour l'entretien et l'administration des uns et des autres. Que retire-t-il sous forme de taxes, de tout ce capital employé ? « Rien » ou presque « rien », 200.000 fr. à peu près ! Nous avons vu, au contraire, que toutes les sommes consacrées par lui aux autres moyens de transport font rentrer dans les caisses publiques un nombre respectable de millions. Nous avons conclu que cet état de choses créait une inégalité de traitement envers les autres modes de transport, inégalité d'autant plus choquante que l'étranger et les produits étrangers profitent surtout de ce « *transport privilégié* », que restreint est le nombre des citoyens et des produits français qui peuvent l'employer.

L'Etat doit des transports à bon marché, c'est entendu ! Mais pour arriver à ce résultat, il ne doit pas grever la collectivité de charges qui compensent au-delà les bénéfices qu'elle retire de transports maladroitement taxés.

Pour bien comprendre le dommage réel que cause la gratuité des canaux au Trésor, il ne faut pas songer seulement au capital primitivement dépensé, aux 13 millions d'entretien et d'administration ; il faut surtout se souvenir que l'Etat est l'associé des Chemins de fer, qu'il est lié de telle sorte avec eux que tout abaissement de trafic artificiellement provoqué se traduit par une augmentation de la garantie d'intérêt. En somme, quelle est la politique économique suivie entre ces deux modes de transports concurrents, les canaux et les voies ferrées ? L'Etat commence par exonérer de tout péage les marchandises qui empruntent les voies d'eau artificielles, construites avec les millions du *Budget* ; il interdit sur la voie ferrée concurrente, voie construite avec les millions de l'épargne publique, même les simples réductions de tarifs : il fausse donc le mécanisme de la répartition entre les deux voies. En agissant de cette sorte, il impose aux contribuables des sacrifices plus élevés qu'il ne serait nécessaire pour obtenir les abaissements de transports désirables.

A l'appui de ce que j'avance, je suis heureux de pouvoir citer l'opinion d'un homme éminent, M. Colson, ingénieur en chef des Ponts et chaussées ; je lis à la page 326 de son bel ouvrage sur « les Transports et tarifs » les lignes suivantes :

« *En particulier, dans la vallée de la Seine, entre le Hâvre ou Rouen d'une part, Paris ou sa banlieue d'autre part, les travaux d'amélioration de la voie navigable ont déplacé le trafic à la remonte dans une très large mesure, ainsi qu'il résulte des chiffres ci-après qui indiquent le nombre de tonnes transportées par les deux voies.*

Années	REMONTE		DESCENTE	
	par eau	par chemin de fer	par eau	par chemin de fer
1878	421.336 t.	581.547 t.	158.409 t.	156.972 t.
1888	792.854 t.	445.119 t.	162.373 t.	191.791 t.

« *Quand l'augmentation du trafic des voies navigables tient, comme sur les canaux du Nord, à un développement des transports pondéreux, développement obtenu, grâce à des travaux peu coûteux, et dans une région où les chemins de fer couvrent toutes leurs charges et bien au delà, on ne peut que s'en féliciter. Mais là où l'Etat s'est borné à enlever à grands frais, aux chemins de fer, un trafic qui pouvait parfaitement supporter les péages et dont la perte doit être compensée par la garantie d'intérêts, il nous semblerait très rationnel de rétablir l'égalité avec les autres parties de la France, au moyen de péages bien gradués sur la navigation, qui seraient profitables au Trésor directement et indirectement.*»

« *Quant à la création de nouvelles voies navigables, nous sommes persuadé qu'elle serait plus nuisible qu'utile au commerce, puisqu'elle ferait retomber sur lui, sous forme d'impôt, des sommes supérieures aux économies réalisées.*»

Il nous est facile de trouver dans les grands ports de la

Manche, la confirmation de ce que nous avançons à savoir que la marchandise déserte la voie ferrée pour la voie d'eau.

Ainsi, en 1880, le mouvement des marchandises exprimé en tonnes est pour le port de Rouen de 3.006.421 T. dont 718.089 se font par la voie fluviale et 791.090 T. par le chemin de fer de l'Ouest.

En 1894, le mouvement des marchandises est de 4.408.526 T. dont 1.355.526 se font par la voie fluviale et 689.589 T. par le chemin de fer de l'Ouest.

Entre les deux époques, la navigation sur la Seine a été considérablement améliorée : la Cie de l'Ouest a perdu 102 mille tonnes de trafic à Rouen !

Prenons le Hàvre : le transport des marchandises par fer de 1878 à 1883 a été en moyenne de 1.227.000 T.; il n'est plus que de 1.113.000 T. pour la moyenne de sept années (1888-1894). Il est bon de remarquer que, de 1884 à 1894, le chiffre des importations et des exportations s'est accru de 3 millions de quintaux. Le chemin de fer a perdu du transit, pourquoi ? Grâce au canal de Tancarville. Dès 1890, 376.485 tonnes passaient par lui; en 1894, il en a porté 478.011 tonnes.

Quant au port de Dieppe, il se débat dans une crise que tous les chiffres de la statistique font clairement apercevoir. Les années 1891 et 1892 ont amené sur nos quais, comme partout ailleurs, un surcroit de marchandises en prévision de l'application des nouveaux tarifs de douane; depuis lors, « *Rien ne va plus* ! » Le petit tableau suivant montre brutalement la diminution du trafic par fer.

Années	Total des arrivages et expéditions	Recettes (petite vitesse)
1892	686.916 T.	2.884.821 fr.
1893	594.500 T.	2.396.650 «
1894	530.618 T.	2.202.106 «

Ainsi diminution constante du transit par la voie ferrée partout où elle est en concurrence avec la voie par eau; par suite, augmentation de ce fait de la garantie d'intérêt. Tel est pour les finances publiques le résultat de la mauvaise législation qui régit les transports.

Pour supprimer les modestes taxes de 1 à 2 millimes par tonne et par kilomètre pour les rivières et de 2 à 5 millimes pour les canaux, le législateur s'est réclamé de l'abolition de l'impôt de 5 0/0 qui pesait sur le transport des marchandises en petite vitesse. A mon sens, la raison invoquée était mauvaise, parce qu'il n'y a rien de commun ou de comparable entre chemins de fer et canaux.

Quel argent a créé l'industrie des chemins de fer ? Pour les 4/5, l'argent privé.

Quel argent a construit la voie qu'emploient les transports par eau ? L'argent des contribuables.

Qui paie l'entretien et l'administration des voies ferrées ? L'industrie des chemins de fer.

Qui paie l'entretien et l'administration des canaux? L'argent des contribuables.

A quelles charges doit pourvoir l'industrie des chemins de fer ? Aux frais d'exploitation, d'entretien de la voie, d'administration. Elle doit rémunérer et amortir le capital qui lui a été confié; verser, en outre, dans les caisses publiques pour plus de 126 millions de francs provenant de taxes et d'impôts. J'ajoute que cette industrie doit se tenir au courant de tous les progrès et de ce fait dépenser des millions.

A quelles charges doit faire face l'industrie des transports par eau ? Rien qu'à celles de son exploitation, exploitation rémunératrice pour les compagnies et grand nombre de bateliers qui l'exercent.

On le voit, aucune analogie entre les deux industries.

A l'une, l'Etat avait tout donné et il ne prélevait sur elle que fort peu de chose; à l'autre, l'Etat avait donné très peu, mais en revanche, il recevait d'elle par l'impôt et les taxes des sommes considérables. En dégrévant "l'industrie privée" des chemins de fer, tenue par lui dans une tutelle très étroite qui enchaîne sa liberté et entrave sa prospérité, il n'y avait aucune raison d'enlever à l'autre la seule et fort peu lourde charge qui lui incombait; et à quel moment, messieurs ? Au moment où l'Etat allait dépenser en sa faveur 600 millions pour perfectionner sa voie d'eau, son outil, son gagne-pain — pain sur lequel il allait mettre beaucoup de beurre. — Les rapports financiers qui lient les canaux à l'Etat, sont onéreux pour ce dernier; aussi après un premier et profitable effort s'arrête-t-il en chemin. Depuis 10 ans, les départements du Nord réclament la création du canal du Nord sur Paris : pas d'argent pour le faire. Nous réclamerons toujours aussi, mais en vain, un canal de Batellerie reliant Dieppe à l'Oise : pas d'argent pour le faire. Nos canaux sont mal outillés, n'ont pas assez de points de contact avec les voies ferrées, manquent de ports pour abriter le matériel flottant : pas d'argent pour faire toutes ces choses. C'est à ce beau résultat que nous a conduits la politique économique du gouvernement, politique imprévoyante et contradictoire. Nous constations tout-à-l'heure que les canaux enlevaient aux chemins de fer une partie notable de leur trafic, pareille chose ne devrait pas arriver si les chemins de fer et les canaux étaient reliés suffisamment. Nous, Français, nous avons le grand tort d'envisager les questions économiques avec notre esprit naturellement batailleur : « *Nous voulons voir de l'antagonisme là où il n'y a en réalité qu'une action parallèle.* » En matière de canaux et de chemins de fer, nous devrions nous pénétrer de la déclaration suivante du Congrès de Vienne :

« *L'existence et le développement simultané des chemins de fer et des voies navigables est désirable :*

« *1° Parce que ces deux moyens de transports sont le complément l'un de l'autre et doivent concourir, chacun suivant ses mérites spéciaux, au bien général.*

« *2° Parce qu'en voyant les choses dans leur ensemble, le développement industriel et commercial, qui est le résultat certain du perfectionnement des voies de communication, finit par profiter à la fois aux chemins de fer et aux voies navigables.*

Mais ce concours, cette union complète qui devraient exister entre chemins de fer et canaux n'existent pas en France faute de points de contact suffisants. Nous trouvons en Allemagne un exemple concluant à cet égard.

Le *Main* est bordé des deux côtés par une ligne de chemin de fer. En 1887, avant l'amélioration de cette rivière, il y avait un trafic par eau de 152.425 tonnes ; l'ensemble des chemins de fer riverains portaient 897.712 tonnes. En 1889, après l'amélioration, le trafic de la rivière était de 577.610 T. celui des voies ferrées, de 1.334.148 T.

Sur le Rhin prussien, le transport en 1886 était de 9.750.000 T k. et de 13.714.000 T k en 1890. Pour les chemins de fer, sur les deux rives, le mouvement était en 1886 de 46,379,000 T k., et en 1890 de 58.607.000 T k. Il y avait donc augmentation de trafic pour les deux voies. Nous trouverions le même résultat sur l'Elbe et l'Oder.

En France, la Seine enlève à l'Ouest son trafic ; le canal de la Marne au Rhin fait baisser le trafic du réseau de l'Est ; la compagnie du Midi défend son trafic contre le canal du Midi et le canal latéral, — dont elle est propriétaire, — en rendant tout trafic impossible sur ces voies navigables par l'exagération des prix de transport.

Les lois de 1879 et 1880 en supprimant les taxes ont mis la navigation à la charge de l'Etat ; elles ont eu le grand tort de provoquer *l'éloignement définitif, absolu* des entreprises particulières dans la création des voies nouvelles.

Nos finances sont dans un état lamentable, rien ne fait prévoir d'ici longtemps une situation meilleure, la navigation intérieure est donc condamnée à ne pas recevoir son plein développement. Ecoutez ce que dit à ce sujet un économiste distingué, le député Delombre :

« *J'appelle l'attention de mes compatriotes sur une double considération ; ils ne souhaitent pas plus vivement que moi le développement de la navigation intérieure ; mais si l'on met à la charge de l'Etat la totalité des frais des voies navigables, on court un gros risque : la situation budgétaire peut, en effet, être telle que l'Etat soit impuissant à répondre aux besoins ; à un moment donné, vous pouvez vous trouver en face d'une impossibilité matérielle absolue, le déficit.* »

Messieurs, le moyen de sortir de cette impasse, c'est de rétablir des taxes sur la navigation intérieure. Si, par ces taxes, l'Etat retrouve les 13 millions qu'elle lui coûte aujourd'hui, ce sera autant pour finir l'œuvre inachevée.

Le rétablissement de ces taxes aura pour effet de permettre à l'initiative privée de reprendre le rôle qui doit lui revenir dans toutes les grandes affaires industrielles du pays. Si, pour achever tant bien que mal, le perfectionnement des voies navigables, on a recours aux municipalités, aux départements, aux chambres de commerce, il faudra autoriser ces personnalités civiles à créer des taxes locales pour retrouver leur argent, qu'arrivera-il ? C'est que, finalement, l'industrie des transports par eau sera frappée d'une multitude de petites taxes, vexatoires pour le temps qu'elles feront perdre en perceptions, taxes dont l'ensemble sera plus lourd qu'une taxe unique votée par le Parlement. En réalité, la France devrait être divisée en trois ou quatre régions ; dans chacune d'elles, des taxes différentes seraient perçues, taxes variables suivant la richesse de la région. Dans chaque région, les marchandises se classeraient en trois catégories d'après leurs valeurs — une de plus qu'en 1880, parce que plus de produits circulent sur les voies navigables depuis qu'elle sont améliorées — on appliquerait à chaque catégorie des taxes différentes. L'ensemble de ces taxes devrait donner à l'Etat 13 millions environ. Etant donné, Messieurs, que les canaux transportent par an — et les transports par eau iront sans cesse en croissant — 3.600 millions de tonnes kil., cela fait une taxe moyenne de 0e3 par tonne kil. En demandant ce sacrifice

Aux usagers de la batellerie et à la batellerie — sacrifice qu'ils peuvent faire, qu'ils doivent faire par conséquent — cette dernière restera encore dans une situation très privilégiée par rapport aux chemins de fer. Les 13 millions demandés représentent environ 0 fr.75ᶜ 0/0 du capital dépensé pour elle; les chemins de fer, en taxes et impôts, donnent à l'Etat une somme représentant plus de 5 0/0 du capital par lui versé sous forme de subventions.

Une pareille taxe n'entraverait pas le développement de la navigation intérieure ; elle satisferait l'équité en établissant l'égalité de tous devant les charges ; elle serait rémunératrice pour le Trésor qu'elle allégerait directement par l'encaissement de ces 13 millions, par voie d'incidence, en allégeant le fardeau de la garantie d'intérêt; elle permettrait à l'Etat d'achever les travaux commencés, d'établir promptement un grand nombre de points de contact entre canaux et rivières avec les chemins de fer — chose si désirable pour la prospérité des deux; — elle donnerait une légère satisfaction à l'Agriculture en rendant moins scandaleux « *le transport privilégié* » dont jouissent les produits agricoles étrangers.

Pour terminer, Messieurs, je vous demande de vouloir bien nommer une commission de cinq membres qui sera chargée d'organiser un vaste pétitionnement, non seulement en ville, mais dans l'arrondissement, en vue de demander « *le rétablissement des droits sur la navigation intérieure.* » Au pétitionnement, nous joindrons nos protestations véhémentes contre l'homologation du tarif commun nº 107 — épée de Damoclès suspendue sur nos têtes — dont l'adoption serait la ruine pour notre ville, la misère noire pour nos ouvriers, la fin de cette corporation si recommandable des pilotes.

Que nos protestations soient nombreuses, ardentes, — c'est le pain des ouvriers de toute une région que nous défendons contre les convoitises des richissimes possesseurs de mines du Nord; — qu'elles se manifestent sans retard, qu'elles complètent heureusement en leur donnant plus de force les efforts énergiques de la Chambre de Commerce, qu'elles fassent pencher en notre faveur les indécisions de M. le Ministre des Travaux publics.

Quant au rétablissement des droits de péage, Messieurs, s'il était adopté — étant donné le désarroi de nos finances, il le sera, peut-être, dans un avenir assez proche, car l'Etat obligé de faire flèche de tout bois s'adressera même aux impôts équitables — ce serait une heureuse chose pour le commerce et l'industrie de Dieppe ; ce serait une heureuse chose aussi pour nous tous en tant que contribuables. Son adoption nous permettrait de lutter contre la concurrence de la Seine, de la Seine qui a le grand honneur de transporter à Paris les présents que le Tsar envoie à la capitale en souvenir de la réception des marins russes — je cite ce fait pour vous montrer jusqu'à quel point la navigation fluviale absorbe le transit même de choses qui, par leur nature, semblaient destinées à lui échapper; — son adoption pourrait ramener de bonnes recettes à la Cie de l'Ouest, diminuer ainsi son appel à la garantie d'intérêts — voilà ce qui nous touche en tant que contribuables — et lui permettre, peut-être, d'abaisser certains tarifs, — voilà ce que nous désirons en tant que commerçants et industriels.

A ceux qui diraient : « A quoi bon tout ce trouble, tout ce dérangement ? Je répondrai : Certes, nous ne sommes pas assez naïf, assez simple pour croire que les premières tentatives amèneront le succès. Nous savons que pour enfoncer un clou dans un bois très dur — et il est très dur le bois dans lequel nous voulons enfoncer le clou puisqu'il est fait d'intérêts satisfaits, de situations acquises — il faut frapper, longtemps frapper dessus. Nous connaissons assez l'histoire de notre temps pour savoir, qu'à de rares exceptions près, il a fallu des années pour réaliser un progrès, surtout si ce progrès constitue un pas de plus dans la voie de la justice. Nous nous rappelons l'histoire de Cobden et de ses illustres adhérents qui ont mis plus de vingt ans — ayant pour eux le génie, le talent, l'éloquence, le vouloir, la clairvoyance, le sens des véritables intérêts de l'Angleterre — pour transformer la politique économique de leur pays.

Nous savons toutes ces choses, malgré cela, nous vous disons quand même : « En avant ! ! ! »

A. JUBAULT.

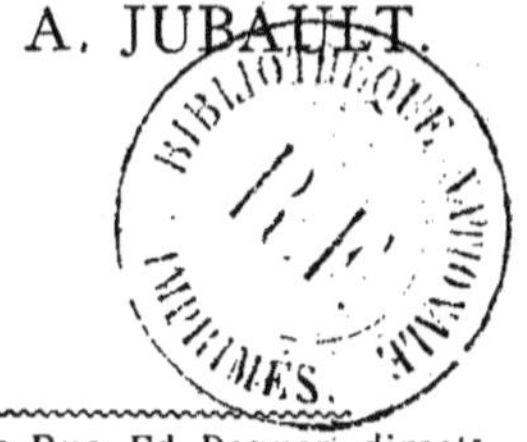

www.ingramcontent.com/pod-product-compliance
Lightning Source LLC
Chambersburg PA
CBHW061717060726

47597CB00006B/2425